Windows 10 Update

April 2018

Alles zum neuen Frühjahrs-Update

BOOKS on DEMAND

Wolfram Gieseke

Windows 10 Update
April 2018

Alles zum neuen Frühjahrs-Update

Alle neuen Funktionen

Neues bei Oberfläche & Einstellungen

Versteckte Änderungen & Details

Die Deutsche Nationalbibliothek verzeichnet diese Publikation in der Deutschen Nationalbibliografie; detaillierte bibliografische Daten unter http://dnb.dnb.de

© 2018 Wolfram Gieseke

Herstellung und Verlag:
BoD – Books on Demand, Norderstedt

ISBN: 978-3-7528-5935-5

Vorwort

Die Entwicklung bei Windows 10 geht stetig weiter. Microsoft bleibt seinem neuen Konzept treu, alle halbe Jahre ein Feature-Update mit neue und verbesserte Funktionen auszuliefern.

Mit dem April 2018-Update legt Microsoft das fünfte Funktions- Update für Windows 10 vor. Der Fokus liegt diesmal darauf, den Zugriff auf Dokumente zu erleichtern. So bietet die Timeline-Funktion ein Protokoll der eigenen Aktivitäten, in dem man Dokumente und Webseiten von einem früheren Zeitpunkt schnell wieder auf den Bildschirm holen kann. Aber auch die neuen Schnell- zugriffe im Startmenü bieten kürzere Wege zu wichti- gen Daten.

Auch der Edge-Browser wurde weiter optimiert, ein Benachrichtigungsassistent ermöglicht ungestörtes Arbeiten, am Datenschutz wurde erneut gefeilt und die Einstellungen wieder mal überarbeitet, der Appli- cation Guard ermöglicht sicheres Surfen und sogar die Eingabeaufforderung hat neue Befehle gelernt. Darüber hinaus gibt es noch eine Vielzahl von kleine- ren Ergänzungen und Änderungen, die ich Ihnen in diesem Buch vorstellen möchte.

Wolfram Gieseke

Inhaltsverzeichnis

1. Timeline – Frühere Aktivitäten direkt fortsetzen

Mit der Timeline oder auf Deutsch Zeitachse bringt Windows 10 eine neue Funktion, an der Microsoft schon länger gearbeitet hat und die ursprünglich schon mit einem früheren Funktions-Update ausgeliefert werden sollte. Aber sie wurde wohl jetzt erst zur Zufriedenheit der Entwickler fertiggestellt.

Die Idee hinter der Zeitachse ist, dass Windows sich über einen längeren Zeitraum merkt, was Sie mit Ihrem PC getan haben, also welche Anwendungen Sie benutzt, welche Dokumente Sie bearbeitet und welche Webseiten Sie besucht haben. Diesen Verlauf präsentiert es Ihnen auf Wunsch in einer visuellen Übersicht, aus der Sie einzelne Dokumente oder Webseiten jederzeit sofort wieder abrufen können. Selbstverständlich öffnet Windows dann die aktuelle Fassung des Dokuments oder der Webseite.

Zusätzlichen Reiz erlangt die Funktion, wenn Sie mehrere Windows-Geräte nutzen und bei allen mit demselben Microsoft-Konto angemeldet sind. Dann erfasst die Zeitachse Ihre Aktivitäten geräteübergreifend. Sie können so also beispielsweise zuhause am PC fortsetzen, was Sie kurz zuvor unterwegs am Notebook oder Tablet begonnen haben.

Ihre Aktivitätshistorie im Überblick

Um Ihre Zeitachse zu öffnen, stehen Ihnen drei verschiedene Möglichkeiten zur Auswahl:

▶ Das Symbol der Taskansicht in der Taskleiste hat sich optisch leicht verändert und ist nun sowohl für die Zeitachse als auch für das Wechseln zwischen verschiedenen Desktops zuständig.

▶ Dementsprechend führt auch das Tastenkürzel für die Taskansicht – **[Windows]** + **[Tab]** – nun zur Zeitachse.

▶ Ebenso wie die Wischgeste mit vier Finger vom unteren Rand nach oben (nur bei Präzisions-Touchpads).

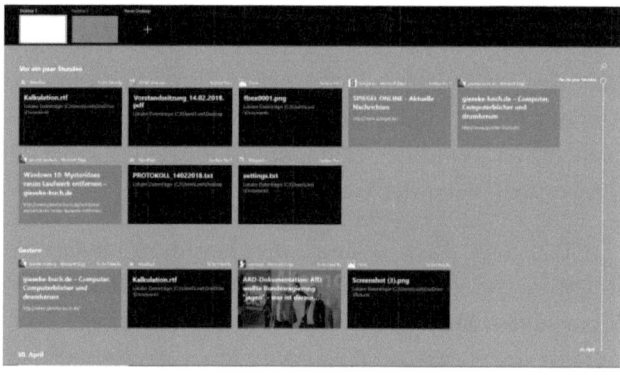

Die Zeitachse visualisiert Ihre Aktivitäten in chronologisch umgekehrter Reihenfolge:

▶ Ganz oben finden Sie – soweit vorhanden – die auf dem PC gerade geöffneten Fenster. Diese werden wesentlich größer als die restlichen Elemente dargestellt. Darunter kommen die bereits zurückliegenden (also geschlossenen) Elemente.

▷ Alles von heute finden Sie unter *Vor ein paar Stunden*. Falls es zu viele Elemente sind, wird die Anzeige automatisch zusammengefasst. Dann können Sie sie mit *Alle Aktivitäten von X anzeigen* vollständig ausklappen.

▷ Darunter folgen weitere Überschriften für zurückliegende Tage, beginnend mit *Gestern* und dann konkreten Datumsangaben.

Am rechten Bildschirmrand können Sie mit einer Laufleiste schnell zu weiter zurückliegenden Zeiträumen blättern.

Zu jedem Element finden Sie neben dem eigentlichen Namen der Webseite oder des Dokuments weitere Informationen, die von der Art der 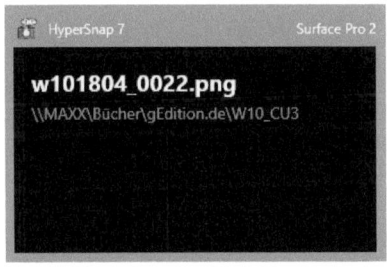 Aktivität abhängen. Bei Webseiten etwa werden der Titel und die Adresse der besuchten Seite angegeben. Bei Dokumenten der Dateinamen und der Speicherort. Oberhalb des Eintrags finden Sie jeweils die verwendete App und bei Aktivitäten von anderen Rechnern dessen Bezeichnung.

Und die Taskansicht?

Die aktuell geöffneten Fenster finden Sie als neueste Einträge ganz oben in der Zeitachse in vergrößerter Form wieder. Für die verschiedenen Desktops wird am oberen Bildschirmrand eine Leiste freigemacht. Die bisherigen Funktionen der Taskansicht lassen sich also einschließlich der Tastenkürzel weiter nutzen.

Themen in der Timeline schnell wiederfinden

Wenn man täglich mit dem PC umgeht, wird die Zeitachse schnell recht umfangreich werden. Da muss man entweder genau wissen, an welchem Tag man eine Webseite besucht hat – oder man verwendet die Suchfunktion.

1. Klicken Sie dazu auf das Lupensymbol oberhalb der Bildlaufleiste am rechten Bildschirmrand.

2. Im so geöffneten Suchfeld geben Sie einen Teil des Namens des gesuchten Elements ein. Sie können dabei alles verwenden, was in der Zeitleiste zu diesem Element angegeben wird. Neben dem Titel also auch die Webadresse, die App, den Namen des Rechners, auf dem diese Aktivität erfolgt ist oder den Dateinamen. Es erfolgt allerdings keine Volltextsuche im Inhalt der Elemente selbst.

3. Mit jedem eingegeben Zeichen wird die Zeitleiste automatisch auf die Elemente begeschränkt, die einen entsprechenden Text in Ihrer Beschreibung enthalten. Meist brauchen Sie also nur wenige

Buchstaben einzugeben, um das gewünschte zu finden.

Elemente aus der Timeline entfernen

Wenn Sie ein Element ganz sicher nicht mehr benötigen oder aus anderen Gründen aus der Zeitachse verbannen möchten, klicken Sie es  mit der rechten Maustaste an und wählen Sie im Menü *Entfernen*. Selbstverständlich wird dadurch nur der Eintrag in der Zeitachse gelöscht, nicht das Dokument selbst.

Wollen Sie gleich einen ganzen Zeitabschnitt entfernen, klicken Sie auch hierzu eines der betroffenen Elemente an und wählen Sie *Alle löschen aus...* . Dann werden alle zu diesem Zeitabschnitt gehörenden Elemente auf einmal entfernt.

Werbung in der Zeitachse vermeiden
Sie erhalten in Ihrer Zeitachse gelegentlich Werbung? Die Einstellung dafür hat Microsoft unter *System/Multitasking* versteckt. Schalten Sie hier *Gelegentlich Vorschläge in der Zeitachse anzeigen* auf *Aus*.

Cortana und der Aktivitätsverlauf

Auch Cortana kennt Ihre Zeitachse und schlägt Ihnen standardmäßig vor, kürzliche Aktivitäten fortzusetzen. Wenn Sie das Suchfeld der Taskleiste aktivieren, finden Sie dazu den Abschnitt *Fortfahren, wo Du aufgehört hast*. Darin sind die letzten Aktivitäten aus der Timeline direkt aufgeführt. Mit *Alle Aktivitäten anzeigen*, können Sie stattdessen auch die vollständige Zeitachse auf den Bildschirm holen.

Falls Ihnen das nicht recht ist, können Sie dieses Verhalten abschalten. Öffnen Sie dazu in den Windows-Einstellungen die Rubrik *Cortana/Berechtigungen & Verlauf* und deaktivieren Sie dort auf der rechten Seite die Option *Aktivitätsverlauf anzeigen*.

Die Timeline mit anderen PCs synchronisieren

Um die Zeitachse maximal nutzen zu können, können Sie die Erfassung von Ihrem PC auf alle anderen Windows-Geräte ausdehnen, die Sie mit demselben Microsoft-Konto verknüpft haben. So erhalten Sie eine umfassende, geräte-übergreifende Historie aller Aktivitäten. Nebenbei können Sie so beispielsweise Webseiten, die Sie unterwegs auf dem Notebook entdeckt hatten, zuhause am PC schnell wiederfinden.

▷ Wenn Sie die Cloud-Synchronisierung der Zeitachse noch nicht aktiviert haben, bietet Ihnen Windows dies automatisch am unteren Ende der Timeline an. Klicken Sie hier einfach auf *Einschalten*.

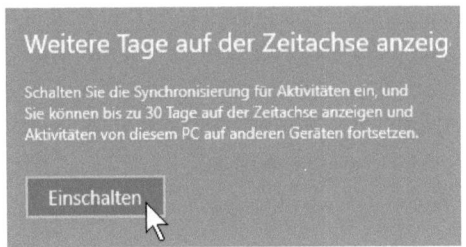

▶ Alternativ öffnen Sie die Windows-Einstellungen in der Rubrik *Datenschutz/Aktivitätsverlauf*. Hier können Sie das Datensammeln für die Zeitachse sowohl per Cloud als auch nur lokal auf diesem PC ganz nach Wunsch aktivieren oder deaktivieren.

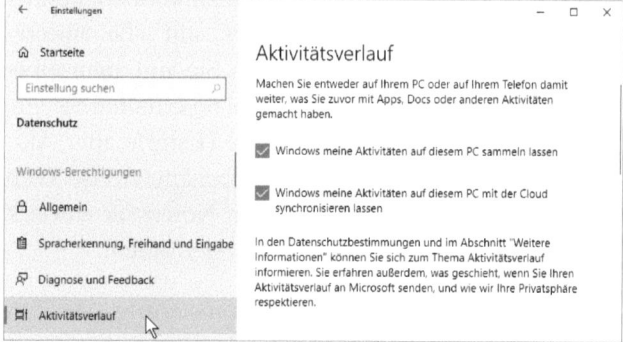

Wenn Sie den Aktivitätsverlauf zwischen mehreren Geräte synchronisieren, werden Sie regelmäßig die Effekte dieses Abgleichs erfahren. Wenn Sie beispielsweise auf dem Notebook oder Tablet eine Webseite betrachten und dann kurze Zeit später die Timeline am PC öffnen, wird Windows Ihnen automatisch vorschlagen, die am Notebook besuchten Webseiten nun am PC weiter zu betrachten.

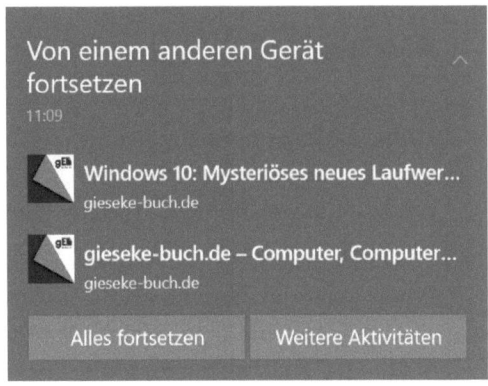

Timeline per Gruppenrichtlinien steuern

Wer Administrator ist oder einfach seinen PC mit anderen teilt, wird eventuell erfreut zur Kenntnis nehmen, dass Microsoft neue Gruppenrichtlinien eingeführt hat, mit der sich die Zeitachse bzw. das Datensammeln dafür systemweit für alle Nutzer steuern lässt. Hinweis: Gruppenrichtlinien sind bei Windows 10 Home leider nicht verfügbar.

1. Drücken Sie **[Windows]**, um das Suchfeld der Taskleiste zu aktivieren.

2. Tippen Sie dort „Gruppe" ein, bis als bester Treffer *Gruppenrichtlinien bearbeiten* angezeigt wird, und öffnen Sie so den Gruppenrichtlinieneditor.

3. Wählen Sie im Editor den Zweig *Computerkonfiguration/ Administrative Vorlagen/ System/ Betriebssystemrichtlinien*.

17

4. Hier finden Sie auf der rechten Seite drei Richtlinien, die standardmäßig nicht konfiguriert sind:

▶ *Aktivitätsfeed aktivieren*: Diese Richtlinie steuert die Zeitachse insgesamt. Stellen Sie sie auf *Deaktiviert*, wird die Timeline-Funktion für das gesamte Gerät (und alle dessen Benutzer) abgeschaltet.

▶ *Veröffentlichen von Benutzeraktivitäten zulassen*: Wenn Sie (nur) diese Richtlinie auf *Deaktiviert* setzen, werden die Aktivitäten auf diesem Gerät nicht der Zeitachse hinzugefügt. Sie können in der Timeline aber ggf. noch Aktivitäten von anderen synchronisierten PCs sehen.

▶ *Upload von Benutzeraktivitäten zulassen*: Diese Richtlinie steuert, ob Aktivitäten von diesem PC auf andere PCs hochgeladen werden.

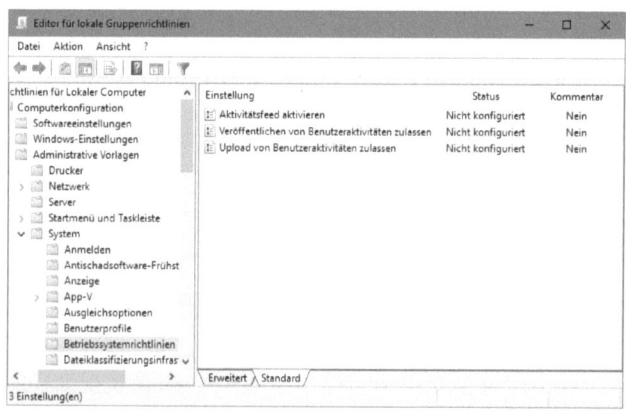

2. Datenschutz: Mehr Kontrolle über Ihre Daten

Der Datenschutz ist und bleibt eine Dauerbaustelle, was gut und nicht zuletzt der beständigen Kritik an der Datensammelwut von Microsoft zu verdanken ist. Auch für das aktuelle Update haben die Entwickler wieder Veränderungen an den Datenschutzeinstellungen vorgenommen, die allerdings eher die Apps von Fremdanbietern ins Visier nehmen als Microsoft selbst. Auch die neue Diagnosedatenanzeige hinterlässt einen etwas zwiespältigen Eindruck, denn man hat dabei das Gefühl, dass Microsoft mit der schieren Menge an Daten verstecken möchte, was tatsächlich alles übermittelt wird.

Datenschutz- und Diagnose-Optionen überarbeitet

Beim Blick in die Rubrik *Datenschutz* der Windows-Einstellungen fällt sofort auf, dass die Aufteilung der Unterrubriken neu organisiert wurde. Am rechten Rand finden Sie nun oben einen Abschnitt *Windows-Berechtigungen* mit den Einstellungen, die das Betriebssystem selbst betreffen.

Datenschutz
Position, Kamera

Darunter folgt ein wesentlich umfangreicherer Abschnitt *App-Berechtigungen*. Dabei geht es aber wohlgemerkt nicht nur um nachträglich installierte Apps von Fremdanbietern, sondern auch um die zahlreichen mitinstallierten Microsoft-Apps. Im Wesentlichen sind die Unterrubriken dadurch aber nur etwas umsortiert worden. Weitere konkrete Änderungen werden im Folgenden beschrieben.

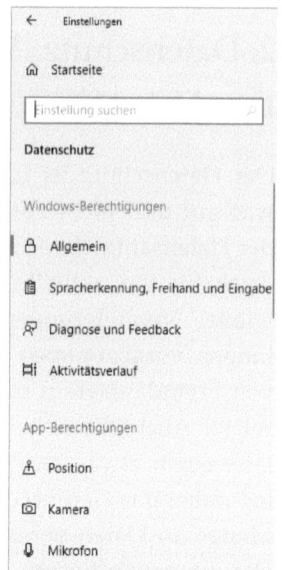

Zugriffe auf Funktionen und Daten verhindern

Schon bisher ließ sich der Zugriff auf bestimmte Daten wie Kontakte oder Mails bzw. Funktionen wie Kamera oder Mikrofon App-basiert einschränken. Diese Einstellungen gelten allerdings per Nutzer, nur für Apps und lassen sich teilweise erst nachträglich aktivieren, wenn bereits ein Zugriff erfolgte.

Nun gibt es für viele Einstellungen der Datenschutzoptionen die Möglichkeit, den Zugriff auf eine Funktion oder eine Art von Daten grundsätzlich systemweit zu unterbinden. Das gibt Ihnen die Sicherheit, dass beispielsweise weder Windows selbst noch

Apps oder Desktop-Anwendungen auf Ihre Kamera oder Ihre Kontakte zugreifen können. Und zugleich kann kein Benutzer (ohne Administratorrechte) diese Einstellung individuell für sich ändern.

1. Als Beispiel dafür mögen die Kamera-Einstellungen dienen, die Sie in den Windows-Einstellungen unter *Datenschutz/ App-Berechtigungen/ Kamera* finden.

2. Hier sehen Sie nun ganz oben zusätzlich den Bereich *Zugriff auf die Kamera auf diesem Gerät zulassen*. Standardmäßig ist dieser Zugriff aktiviert.

Kamera

Zugriff auf die Kamera auf diesem Gerät zulassen

Wenn Sie den Zugriff zulassen, können Benutzer, die dieses Gerät verwenden, über die Einstellungen auf dieser Seite auswählen, ob ihre Apps über Kamerazugriff verfügen. Wenn Sie den Zugriff verweigern, werden Windows und Apps nicht auf die Kamera zugreifen.

Der Kamerazugriff für dieses Gerät ist aktiviert.

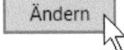

3. Klicken Sie auf die *Ändern*-Schaltfläche, um diese Einstellung anzupassen.

4. Stellen Sie dann den Schalter um auf *Aus*.

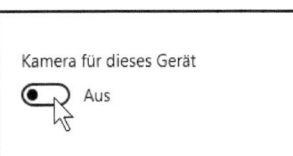

Kamera für dieses Gerät

Aus

Der Zugriff auf die Kamera ist nun systemweit für alle Programme, Anwender und Windows selbst blockiert, solange Sie diese Einstellung nicht wieder ändern. Diese globale Blockade finden Sie nun bei den meisten der Einstellungen im Bereich *App-Berechtigungen*.

Datenschutz für Dokumente, Bilder, Videos und Dateien

Wirklich neu hinzugekommen sind vier Unterrubriken der Datenschutzeinstellungen, die sich den Themenbereichen *Dokumente*, *Bilder*, *Videos* sowie *Dateisystem* widmen und somit den Zugriff von Apps auf diese Elemente begrenzen können. Die Einstellungen für alle 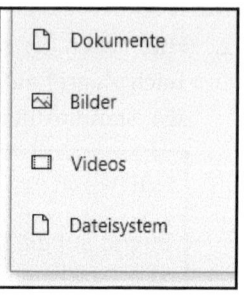 vier Bereiche sind gleich, deshalb stelle ich nur die Einstellungen für Dokumente beispielhaft vor:

▶ Ganz oben finden Sie die zuvor beschriebene Möglichkeit, den Zugriff auf Dokumente systemweit zu blockieren.

▶ Wenn Sie das nicht tun möchten, kann jeder Anwender darunter mit der Option *Apps den Zugriff auf Ihre Dokumentbibliothek erlauben* festlegen, ob Apps grundsätzlich Zugriff auf die Bibliothek Ihrer Dokumente haben sollen.

Apps den Zugriff auf Ihre Dokumentbibliothek erlauben

Wenn Sie den Zugriff zulassen, können Sie mithilfe der Einstellungen auf dieser Seite auswählen, welche Apps auf Ihre Dokumentbibliothek zugreifen können. Wenn Sie den Zugriff verweigern, wird der Zugriff auf Ihre Dokumentbibliothek für Apps blockiert, die im Microsoft Store unter Windows 10 verfügbar sind.

 Ein

▶ Darunter finden Sie eine Liste der Apps, die bislang Zugriff auf Dokumente genommen haben. Standardmäßig erlaubt Windows dies, wenn die Option oben entsprechend gesetzt ist. Sie können aber hier einzelnen Apps das Zugriffsrecht nachträglich wieder entziehen, indem Sie den zu dieser App gehörenden Schalter auf *Aus* stellen.

Apps auswählen, die Zugriff auf Ihre Dokumentbibliothek haben

Einige Apps benötigen Zugriff auf Ihre Dokumentbibliothek, damit sie bestimmungsgemäß funktionieren. Wenn Sie eine App hier deaktivieren, schränken Sie möglicherweise deren Funktionsumfang ein.

App-Installer — Aus

Feedback-Hub — Aus

OneNote — Ein

Sprachrekorder — Ein

Windows Defender Security Center — Ein

Hinweis: Die Beschränkung des Zugriffs gilt nur für Apps, die Sie über den Microsoft-Store bezogen haben (oder die mit Windows ausgeliefert wurden). Klassische-Desktop-Programme lassen sich davon nicht beeindrucken.

Telemetrie im Diagnostic Data Viewer überwachen

Wohl um zu demonstrieren, dass Microsoft es mit dem Datenschutz nun wirklich ernst meint, stellt der Softwareriese seinen Anwendern seit kurzem eine App zur Verfügung, mit der man den Abfluss von Diagnosedaten vom eigenen PC gen Microsoft überwachen kann. So kann man die Auswirkungen der verschiedenen datenschutz-bezogenen Optionen hautnah verfolgen.

Den Diagnostic Data Viewer installieren

Das Programm nennt sich *Diagnostic Data Viewer* und kann aus dem Microsoft Store heruntergeladen werden. Bemühen Sie dort die Suchfunktion, um die App zu  finden („Diagnostic" sollte als Suchbegriff reichen). Auf der Detailseite der App brauchen Sie dann nur noch auf *Herunterladen* zu klicken.

Einblick in die übermittelten Daten

Nach dem Herunterladen können Sie die App direkt starten.

1. Sollte Windows sich dabei beschweren, dass die Anzeige von Diagnosedaten nicht aktiviert ist, können Sie direkt in die Datenschutzeinstellungen wechseln und das nachholen.

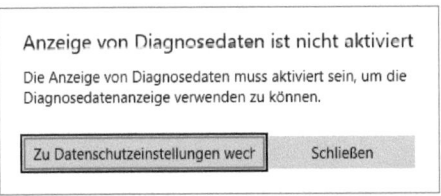

2. Gehen Sie dazu in den *Diagnose und Feedback*-Einstellungen nach unten zum Abschnitt *Diagnosedatenanzeige* und schalten Sie diese *Ein*.

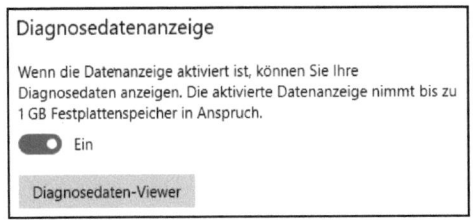

3. Anschließend liefert die Diagnosedatenanzeige ständig neue Ereignisse, die Sie jeweils per Klick auf die kreisförmige Aktualisieren-Schaltfläche oben neben dem Suchfeld importieren können.

4. Die Ereignisse sehen Sie links als lange Liste, wobei jeweils der Urheber des Ereignisses angegeben ist.

5. Klicken Sie einen der Einträge an, wird rechts der übermittelte Inhalt angezeigt.

An dieser Stelle könnte sich Enttäuschung breit machen, denn die Daten werden „im Original" und somit in einer für Maschinen gut, aber für Menschen umso schlechter lesbaren Form angezeigt. Trotzdem:

▷ Interessant ist schon mal die Menge an Daten insgesamt. Wenn Sie ein Weilchen abwarten (und nichts am Rechner tun) werden Sie feststellen, dass Windows selbst dann munter Daten erzeugt und übermittelt. Und auch jeder Start einer Anwendung erzeugt weitere Datenpakete.

▶ Für weitere Recherchen ist die Suchhilfe praktisch. Wenn Sie beispielsweise eine Seite im Edge-Browser öffnen und anschließend in der Diagnosedatenanzeige nach dem Namen der Seite suchen, werden Sie höchstwahrscheinlich einige Treffer landen, weil Edge Ihren Surfbesuch direkt an Microsoft weiter gemeldet hat.

Die Datenausgabe filtern

Die recht umfangreiche Datenausgabe lässt sich durch verschiedene Filter beschränken. Klicken Sie dazu oben links auf das Menüsymbol, um den Seitenbereich anzuzeigen. Dort finden Sie im Abschnitt *Filter* verschiedene Themenbereiche, auf die Sie die Datenausgabe konzentrieren können:

▶ *Nur Basisdaten für Diagnose anzeigen*: Hiermit schalten Sie ein sparsamen Modus ein, in dem nur grundlegende Daten angezeigt und Details ausgespart werden.

▶ *Browserverlauf*: Dieser Filter zeigt alle Übermittlungen an, die mit besuchten Webseiten zu tun haben.

▶ *Gerätekonnektivität und -konfiguration*: Ein Filter für Informationen über vorhandene und verbundene Geräte und deren Einstellungen.

▶ *Freihand, Eingabe und Sprache*: Alles, was mit dem Eingeben von Text per Tastatur, Sprache oder Stift zu tun hat.

▶ *Leistung von Produkten und Diensten*: Dieser Filter beschränkt sich auf Information zu Apps, Anwendungen und Diensten, die auf Ihrem PC aktiv sind.

Sie können mehrere Filter kombinieren, indem Sie sie nacheinander anklicken. Durch erneutes Anklicken wird ein Filter wieder deaktiviert. Mit *Auswahl löschen*, entfernen Sie alle gewählten Filter auf einmal. Die Einträge unterhalb der Filter sind Abkürzungen zu wichtigen daten-

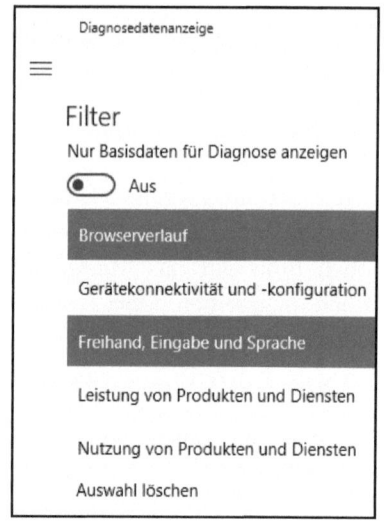

schutz-bezogenen Einstellungen wie dem Datenschutz-Dashboard oder den Datenschutzoptionen in den Windows-Einstellungen.

Und nur im Missverständnissen vorzubeugen: Die Filter der Diagnosedatenanzeige beziehen sich nur auf die Darstellung in der Daten in der App. Sie wirken sich nicht auf die tatsächlich übertragenen Daten aus.

3. Schneller Zugriff auf Dokumente im Startmenü

Bei früheren Windows-Versionen gab es die Möglichkeit, direkt im Startmenü Ordner mit eigenen Dokumenten, Bildern usw. zu öffnen. Die Abkürzungen hatte Microsoft eigentlich wegrationalisiert bzw. durch Cortana, Suchfunktion & Co. ersetzt. Aber der Unwille der Anwender über den Verlust der Schnellzugriffsmöglichkeiten war offenbar groß genug, um ein Umdenken bei den Entwicklern zu bewirken. In der aktuellen Windows 10-Version finden sich diese Möglichkeiten deshalb wieder. Und sie sind sogar konfigurierbar, so dass jeder Benutzer für sich entscheiden kann, welche Zugriffe er regelmäßig nutzen und deshalb im Startmenü sehen möchte.

Um die Schnellzugriffe zu nutzen, brauchen Sie nur per Mausklick oder mit der Windows-Taste Ihrer Tastatur das Startmenü zu öffnen. In der schmalen Spalte ganz am linken Rand finden Sie dann standardmäßig Symbole für den schnellen Zugriff auf Ihre Dokumente und  Ihre Bilder. Ein Klick darauf öffnet den entsprechenden Ordner im Explorer.

Welche Schnellzugriffe sollen angezeigt werden?

Besonders praktisch an den Schnellzugriffen ist, dass Sie diese Funktion ganz individuell personalisieren können. Standardmäßig werden Symbole für Dokumente und Bilder angezeigt, aber es gibt noch mehr Symbole und Sie können frei entscheiden, welche angezeigt werden sollen:

1. Klicken Sie mit der rechten Maustaste auf eines der Symbole.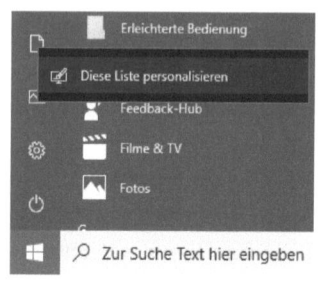

2. Damit öffnen Sie ein kleines Menü, in dem Sie den einzigen verfügbaren Befehl wählen: *Diese Liste personalisieren*.

3. Damit öffnen Sie eine Liste aller an dieser Stelle verwendbaren Symbole. Zu jedem Eintrag finden Sie einen Schalter, der das entsprechende Symbol im Startmenü anzeigen lässt oder nicht.

4. Schalten Sie alle gewünschten Symbole ein.

Falls Sie alle Symbole ausgeblendet haben
Sie haben alle Symbole in diesem Menü abgeschaltet und können das Menü deshalb nicht mehr öffnen? Dann öffnen Sie die Windows-Einstellungen und tippen im Suchfeld *Ordner* ein. Dann finden Sie in der Trefferliste direkt die gewünschte Einstellung *Ordner auswählen, die im Startmenü angezeigt werden sollen*.

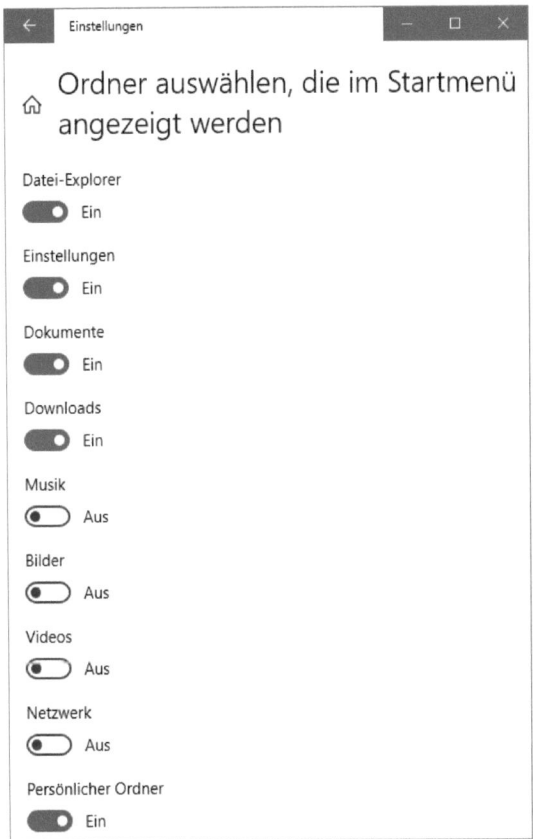

Beachten Sie, dass die Reihenfolge in den Einstellungen nicht mit der Reihenfolge der Symbole in der Startleiste übereinstimmt. So finden Sie die Symbole für *Datei-Explorer* und *Einstellungen* im Startmenü stets unterhalb der anderen Schnellzugriffe.

4. Mit dem Benachrichtigungsassistent ungestört arbeiten

Ein neuer Benachrichtigungsassistent soll Ihnen dabei helfen, ungestört und konzentriert arbeiten zu können, ohne immer wieder von Nachrichten, Hinweisen oder Apps abgelenkt zu werden. Er löst die simpel gestrickte Ruhezeit ab, die sich nur ein- oder ausschalten ließ. Stattdessen können Sie nun flexibel vorgeben, wann Sie ungestört sein möchten, welche Neuigkeiten von Ihnen ferngehalten und bei welche Informationen Sie unbedingt weiterhin benachrichtigt werden möchten.

Da dieser Fokus-Assistent die Ruhezeit ablöst, übernimmt er deren Schaltfläche im erweiterten Menü des Benachrichtigungsbereichs. Durch einfaches Anklicken oder antippen  können Sie zwischen drei Zuständen umschalten:

▷ *Ein - Nur Alarme*: Sie werden nur über Alarme informiert, alle anderen Benachrichtigungen werden ausgeblendet.

▷ *Ein - Nur mit Priorität*: Sie werden nur über Ereignisse informiert, die Sie selbst in der Prioritätsliste festgelegt haben.

33

▶ *Aus*: Der Assistent ist außer Betrieb und Sie erhalten alle Benachrichtigungen direkt.

Diese Schaltfläche dient allerdings nur dem bequemen Schnelleinstellen der Funktion. Mit einem Rechtsklick auf den Schalter und *Zu Einstellungen wechseln* öffnen Sie weitere Einstellmöglichkeiten, die Sie auch in den Windows-Einstellungen unter *System/Benachrichtigungsassistent* finden.

Die Prioritätenliste individuell anpassen

In den Einstellungen finden Sie die Möglichkeit, für den Modus *Ein – Nur mit Priorität* eigene Einstellungen vorzunehmen. Klicken Sie dazu bei der gleichnamigen Option auf den Link *Prioritätsliste anpassen*. Im folgenden Menü können Sie in verschiedenen Bereichen festlegen, welche Benachrichtigungen der Assistent durchlassen soll.

Anrufe, SMS und Erinnerungen

Dieser Abschnitt ist interessant, wenn Sie Ihr Smartphone per Cortana-App mit dem PC verbunden haben. Dann kann Ihr PC Sie über Benachrichtigungen informieren, die auf dem Smartphone eingehen, etwa Anrufe, Nachrichten oder Erinnerungen von Apps. Aktivieren Sie die entsprechenden Optionen, wenn Sie dies wünschen.

Anrufe, SMS und Erinnerungen

Cortana kann dir auf diesem Gerät Bescheid geben, wenn du einen Anruf, eine SMS oder Nachrichten von deiner bevorzugten App verpasst hast. Dazu muss die Cortana-App auf deinem verknüpften Smartphone installiert sein. iOS wird nicht unterstützt.

Cortana für mein Smartphone herunterladen

☑ Eingehende VoIP-Anrufe und Aufrufe von einem verknüpften Smartphone anzeigen

☑ Eingehende SMS von einem verknüpften Smartphone anzeigen

☑ Erinnerungen unabhängig von der verwendeten App anzeigen

Kontakte

Benachrichtigungen, die direkt auf dem PC eingehen, können Sie über die zugeordneten *Kontakte* steuern. Das gilt zumindest für Apps wie Mail oder Skype, welche die Windows-Kontakte verwenden. Die Option *Benachrichtigung von fixierten Kontakten auf der Taskleiste anzeigen* ist eine praktische Abkürzung. Damit lässt der Assistent auch in Ruhephase Nachrichten von wichtigen Personen durch, die Sie als Kontakt an die Taskleiste angepinnt haben.

Alternativ können Sie mit *Kontakte hinzufügen* weitere Personen aus Ihren Kontakten auswählen, deren Nachrichten Sie keinesfalls verpassen möchten.

Kontakte

Benachrichtigungen der von Ihnen ausgewählten Kontakte werden nur von Apps angezeigt, die dieses Feature unterstützen, beispielsweise von der Mail-, Anruf- bzw. Nachrichten-App, von Skype und einigen anderen.

 Benachrichtigungen von fixierten Kontakten auf der Taskleiste anzeigen.

 Kontakte hinzufügen

 Axel Unterberg

Apps

Im Abschnitt *Apps* können Sie Anwendungen bestimmen, deren Benachrichtigungen der Assistent auch im Ruhemodus an Sie weiterleiten soll. Standardmäßig sind hier Xbox-Apps eingetragen, die Sie aber entfernen und durch andere Apps ersetzen können, die Ihnen wichtig sind. Der Assistent lässt im Modus *Ein - Nur mit Priorität* nur Benachrichtigungen von Apps durch, die in dieser Liste enthalten sind.

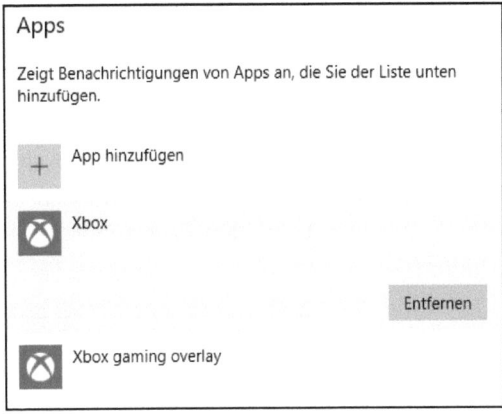

Regeln für den Benachrichtigungsassistent

Damit Sie den Benachrichtigungsassistent nicht immer automatisch ein- und ausschalten müssen, kann er nach bestimmten Regeln automatisch den Modus wech-

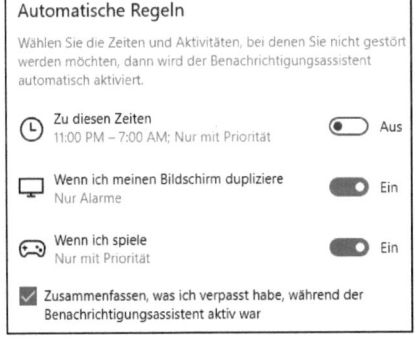

seln, etwa nach einem festgelegten Zeitplan oder auch wann immer Sie ungestört spielen möchten.

Nach Zeitplan

Wenn Sie regelmäßig zu einer bestimmten Zeit unge-
stört arbeiten oder beispielsweise von Ihrem Tablet
nachts nicht gestört werden möchten, eignet sich eine
Regel nach Zeitplan. Klicken Sie dazu auf den Eintrag
Zu diesen Zeiten (nicht auf den dazugehörenden Ein-
/Ausschalter!).

1. Aktivieren Sie
   den Zeitplan
   zunächst mit
   Ein.

2. Nun können
   Sie *Startzeit*
   und *Endzeit*
   der Ruhepha-
   se festlegen

3. Soll diese re-
   gelmäßig
   stattfinden,
   stellen Sie bei
   Wiederholun-
   gen das Inter-
   vall ein, beispielsweise *Täglich*.

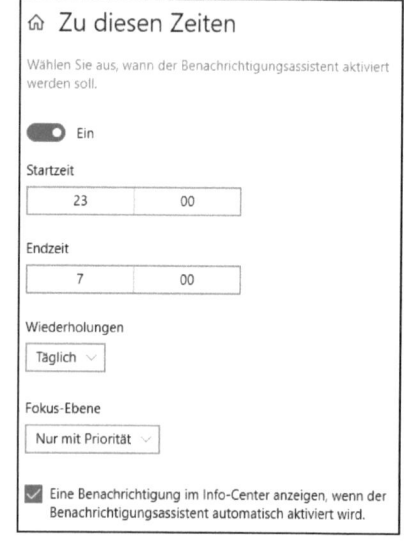

4. Bei *Fokus-Ebene* wählen Sie aus, in welchen Modus
   der Assistent in diesem Zeitraum wechseln soll.

5. Mit der Option ganz unten lassen Sie sich im Info-
   Center benachrichtigen, wenn der Assistent automatisch aktiv wird. Für den Anfang mag das

ganz hilfreich sein, auf Dauer wird man dies aber eher abschalten wollen.

Bei Präsentationen

Den Benachrichtigungsassistenten beim *Bildschirm duplizieren* zu aktivieren, erscheint im ersten Moment vielleicht seltsam, ist aber sinnvoll. Den typischerweise dupliziert man den Bildschirm bei Präsentationen, wenn man auf dem Bildschirm und beispielsweise einem angeschlossenen Beamer dasselbe Bild haben möchte. Und gerade bei Präsentationen möchte man seinem Publikum nicht irgendwelche belanglosen Benachrichtigungen präsentieren. Wenn dies für Sie zutrifft, schalten Sie diese Option also ein.

Klicken Sie stattdessen auf den Eintrag selbst, können Sie einstellen, in welchem Modus (*Fokus-Ebene*) der Benachrichtigungsassistent wechseln soll und ob Sie darauf hingewiesen werden möchten.

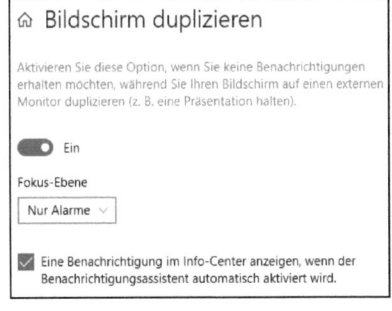

Beim Spielen

Vielleicht gehören Sie zu den Menschen, die mit Ihrem PC nicht nur arbeiten, sondern auch spielen. Und wer sich gerade in ein Spiel vertieft, möchte auch ungern gestört werden. Deshalb kann Windows den Benachrichtigungsassistent automatisch aktivieren, wann immer ein DirectX-Spiel im Vollbildmodus ausgeführt wird. Aktivieren Sie dazu die Regel *Wenn ich spiele*.

Klicken Sie stattdessen auf den Eintrag der Regel, können Sie in den Einstellungen die *Fokus-Ebene* für diese Regel wählen sowie sich beim Aktivieren benachrichtigen lassen.

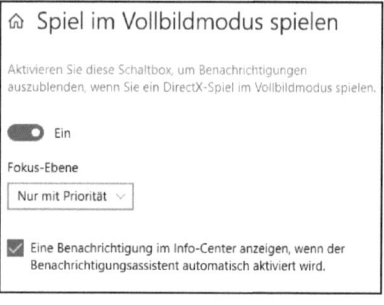

5. Inhalte per Bluetooth und WLAN direkt teilen

Eine weitere völlig neue Funktion bringt Windows 10 unter dem etwas sperrigen Namen Umgebungsfreigabe mit. Dabei handelt es sich um die Möglichkeit, Dokumente zwischen zwei sich in unmittelbarer Nähe befindenden Geräten auszutauschen, ohne dafür erst aufwändig eine Freigabeverbindung herstellen zu müssen. Technisch basiert diese Variante auf Bluetooth und WLAN. Per Bluetooth wird die Verbindung hergestellt und auch kleinere Datenmengen wie Webadressen oder kurze Texte übertragen. Sollen größere Datenmengen wie etwa Bilder übermittelt werden, schalten die beiden Geräte vorübergehend auf eine WLAN-Verbindung um.

Die Umgebungsfreigabe aktivieren

Voraussetzung für die erfolgreiche Umgebungsfreigabe ist, dass beide Geräte über Bluetooth und WLAN verfügen und idealerweise im selben WLAN angemeldet sind. Außerdem ist die Umgebungsfreigabe standardmäßig deaktiviert und muss einmalig eingeschaltet werden, um diese Funktion nutzen zu können.

1. Öffnen Sie die Windows-Einstellungen in der Rubrik *System/Gemeinsame Nutzung*.

2. Suchen Sie hier auf der rechten Seite den Abschnitt *In der Nähe freigeben*.

3. Mit dem dortigen Schaltern können Sie die Umgebungsfreigabe grundlegend ein- und ausschalten.

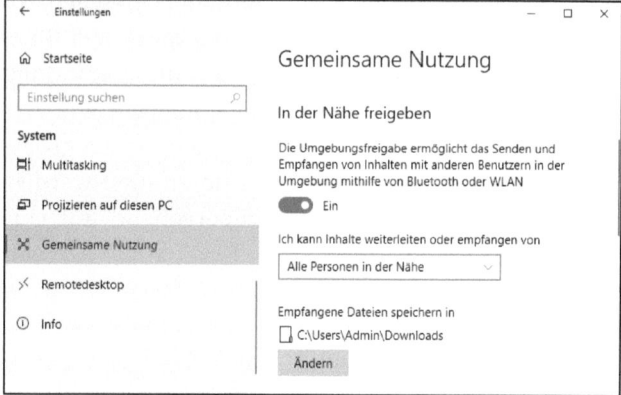

4. Mit dem Auswahlfeld darunter legen Sie fest, ob Sie auf diese Weise Daten auch mit Geräten anderer Personen teilen möchten oder nur eigene Geräte berücksichtigt werden sollen.

5. Bei *Empfangene Daten speichern in* können Sie einen Ordner bestimmen, in dem empfangene Daten abgelegt werden sollen.

Umgebungsfreigabe im Info-Center

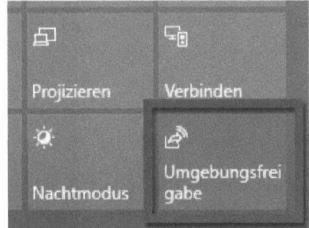

Wenn Sie die Umgebungsfreigabe nur bei Bedarf aktivieren möchten, können Sie eine Schaltfläche dafür im Info-Center einblenden.

Öffnen Sie dazu in den Windows-Einstellungen die Rubrik *System/Benachrichtigungen und Aktionen* und klicken Sie dort auf den Link *Schnelle Aktionen hinzufügen/entfernen*. Im anschließenden Menü stellen Sie den Schalter bei *Umgebungsfreigabe* auf *Ein*. Ab sofort wird im (erweiterten) Info-Center eine entsprechende Schaltfläche angezeigt.

Daten an Geräte in der Umgebung freigeben

Haben Sie die Umgebungsfreigabe auf beiden Geräte aktiviert und sind auch Bluetooth und WLAN aktiv, können Sie jederzeit Daten zwischen den Geräten teilen. Die Funktion dafür ist in die systemweite Teilen-Funktion integriert, so dass Sie auf diese Weise alle Arten von Daten und Dokumente teilen können, also beispielsweise Webseiten, Kontakte, Texte, Bilder, Dateien, Musik usw.

1. Verwenden Sie eine App oder ein Programm, das die zu teilenden Daten anzeigt, also beispielsweise den Explorer für beliebige Dateien, den Browser für Webseiten, die Fotos-App für Bilder usw.

2. Wählen Sie das zu teilende Element aus bzw. zeigen Sie es in der App an.

3. Verwenden Sie dann die Teilen-Funktion, die Sie in vielen Apps als Symbol finden. In Desktopanwendungen wie dem Explorer klicken Sie mit der rechten Maustaste auf das zu teilenden Objekt und finden dann im Kontextmenü die *Freigabe*-Funktion vor.

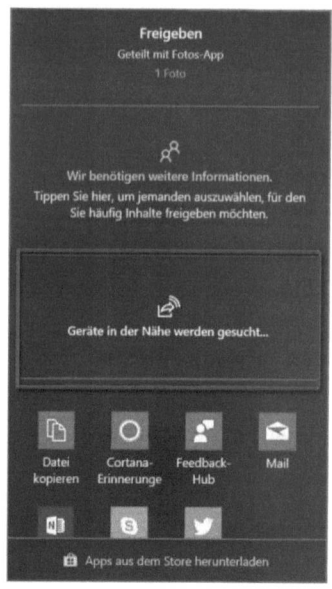

4. Im bereits bekannten Freigabe- bzw. Teilen-Dialog finden Sie nun einen neuen Abschnitt *Geräte in der Nähe werden gesucht*. Sind Geräte mit aktivierter Umgebungsfreigabe erreichbar, werden diese hier nach kurzer Zeit mit ihrem Gerätenamen angezeigt.

5. Klicken Sie das Gerät an, mit dem Sie die Daten teilen möchten.

6. Der Empfänger bekommt auf seinem Gerät eine Benachrichtigung. Er kann die Übermittlung *Ablehnen* oder die erhaltenen Daten je nach Art *Speichern* und/oder *Öffnen*.

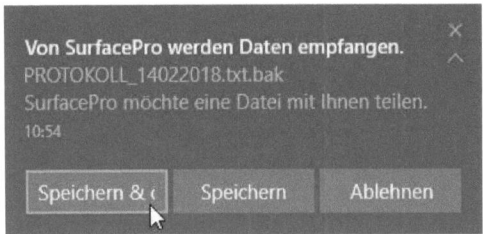

So praktisch eine solche Funktion in der Theorie klingt, möchte ich die Erwartungen nicht zu hoch schrauben. In meinen Tests hat sich die Umgebungsfreigabe auch in der finalen Version des April-Updates als recht hakelig erwiesen. Teilweise kommt die Übertragung gar nicht erst zustande. Und wenn doch, dann scheint selbst bei größeren Datenmengen nur das langsame Bluetooth zum Einsatz zu kommen, wodurch das Übermitteln von Bildern oder gar Videos eine zähe Angelegenheit ist. Aber vielleicht merzt Microsoft diese Mankos noch aus. Denn wenn es funktioniert, ist es eine feine Sache, um mal eben zumindest Kontakte, Webadressen oder kleinere Dateien weiterzugeben.

6. Neue Funktionen im Edge-Browser

Auch der Edge-Browser wird gewohnheitsmäßig bei jedem Funktionsupgrade überarbeitet und erweitert. Diesmal wurde vor allem der Hub gefälliger gestaltet und eine Funktion nachgerüstet, die bei anderen Webbrowsern schon zum Standard gehört. Außerdem bietet der Application Guard nun auch für private Windows-Nutzer eine besonders sichere Möglichkeit zum Surfen.

Mehr Übersicht im Hub

Als Hub wird bei Edge das gemeinsame Verwaltungselement für Favoriten, Leseliste, Verlauf und Downloads bezeichnet, das man jederzeit über das Sternsymbol in der Symbolleiste anzeigen kann. Den Hub gibt es nach wie vor und funktionell hat sich auch nichts Wesentliches geändert. Aber das Erscheinungsbild dieses Elements wurde überarbeitet und macht den Umgang damit nun intuitiver.

So muss man sich nicht mehr die Bedeutung der vier Symbole einprägen, sondern findet nun eine eindeutige Bezeichnung vor. Ebenso sind die Rubriken nun untereinander angeordnet, was üblicher ist und den Nutzungsgewohnheiten entgegenkommt.

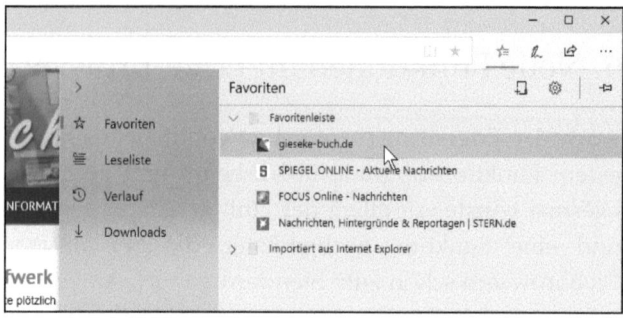

Auch dauerhaft anpinnen kann man den Bereich nach wie vor, allerdings hat Microsoft hierbei sich selbst und den Anwendern ein Bein gestellt: Durch das neue Design ist der Hub deutlich breiter geworden und gleichzeitig lässt sich die Breite durch den Benutzer nicht individuell anpassen. Dadurch geht beim dauerhaften „Anpinnen" so viel Platz verloren, dass nur wenig zum Betrachten der eigentlichen Webseiten bleibt. So wird wohl kaum jemand den Hub dauerhaft einblenden wollen. Bleibt zu hoffen, dass Microsoft hier zeitnah Abhilfe schafft.

Geschwätzige Webseiten zum Schweigen bringen

Webseiten sind oft multimedial, was ja auch schön sein kann, wenn man im Webbrowser Musik hören, Videos schauen oder spielen möchte. Immer öfter aber enthalten Webseiten auch Werbung, die beim Öffnen ungefragt abgespielt wird. Wie schon viele andere Webbrowser zeigt Edge ab sofort in solchen

Fällen automatisch ein Lautstärkesymbol oben im Tab der entsprechenden Webseite an.

Mit einem Klick darauf kann man diese Seite schnell zum Schweigen bringen. Webseiten  in parallelen Tabs werden dabei nicht beeinträchtigt.

Mit dem Application Guard noch sicherer surfen

Schon von Anfang an beherrschte Edge das vertrauliche Surfen in einem InPrivate-Fenster. Dabei werden alle Surfspuren wie Cookies, Browsercache und Verlauf allenfalls temporär angelegt und beim Beenden der Surfsitzung automatisch gelöst.

Der Application Guard geht noch einen Schritt weiter: Er führt den gesamten Browser in einer virtuellen Umgebung aus, in die vom restlichen Betriebs- und Dateisystem vollständig getrennt ist. Selbst wenn besuchte Webseiten Schadsoftware enthalten, könnte diese also allenfalls in der virtuellen Umgebung und temporär Probleme verursachen. Das Betriebssystem sowie Ihre Daten sind aber zu keinem Zeitpunkt gefährdet.

Beim Beenden der Sitzung wird der virtuelle Sandkasten – und damit eventuelle Schädlinge – vollständig gelöscht. Mit dem Application Guard können Sie somit die finstersten Ecken des Internet besuchen, ohne Risiken einzugehen, sich mit Malware zu infizieren.

Den Application Guard aktivieren

Der Application Guard für Edge ist in der aktuellen Windows-Version enthalten, standardmäßig aber deaktiviert. Wenn Sie ihn verwenden möchten, müssen Sie ihn also einmalig aktivieren:

1. Öffnen Sie in der klassischen Systemsteuerung die Rubrik *Programm und Features* und darin *Windows-Features aktivieren oder deaktivieren*.

2. Suchen Sie in der so geöffneten Liste den Eintrag *Windows Defender Application Guard* und setzen Sie davor ein Häkchen.

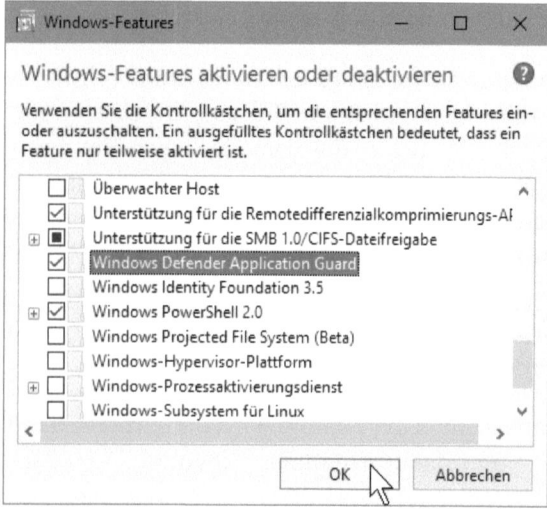

3. Klicken Sie dann darunter auf *OK* und warten Sie, bis das Feature installiert wurde.

4. Anschließend muss der PC einmal neu gestartet werden.

Surfsitzungen mit dem Application Guard beginnen

Haben Sie den Application Guard wie vorangehend beschrieben aktiviert, finden Sie im Edge-Browser einen neuen Menüeintrag namens *Neues Application Guard-* 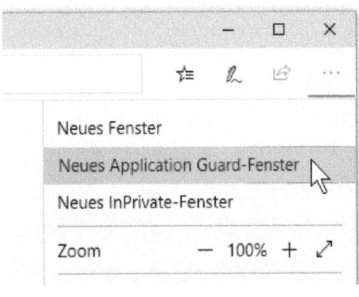 *Fenster* vor. Damit können Sie jederzeit eine Surfsitzung mit dem Schutz des Application Guard starten.

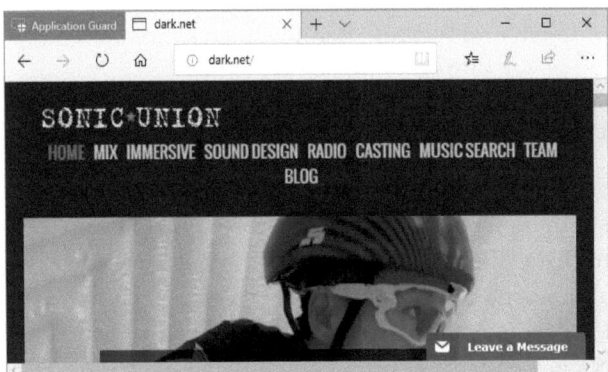

Dieses unterscheidet sich optisch und funktional kaum von einem herkömmlichen Edge-Fenster. Nur in der Ecke oben links erkennen Sie an der deutlichen Hervorhebung *Application Guard,* dass Sie nun in einem geschützten Bereich surfen. Zum Beenden schließen Sie das Fenster einfach wieder.

Für Entwickler: F12-Tools am rechten Seitenrand
Schon bislang konnten alle, die sich mit der Entwicklung von Webseiten beschäftigen bzw. sich dafür interessieren, mit der Taste **[F12]** eine Entwicklerkonsole öffnen, die zahlreiche technische Informationen zur aktuell angezeigten Webseite und deren Inhalten und Funktionen anzeigt. Diese wurde am unteren Rand des Webbrowsers angezeigt und nahm dort einigen Platz weg. Ab sofort kann man diese Leiste alternativ an den rechten Rand des Browserfensters verschieben, was das Betrachten vieler Webseiten weniger beeinträchtigt. Hierzu wurde in die Titelleiste der Konsole ein neues Symbol eingefügt, mit dem man zwischen unterem und rechtem Rand wählen kann.

Webformulare automatisch ausfüllen

Schon bislang konnte Edge sich Ihre Einträge in bestimmte Online-Formulare merken und diese beim nächsten Besuch automatisch für Sie ausfüllen. Der aktuelle Edge-Browser geht noch einen Schritt weiter: Hier können Sie nun Ihre persönlichen Daten wie Namen, Anschrift und Kontaktdaten einmalig hinterlegen. Wenn Sie das nächste Mal beim Onlineshopping oder ähnlichem Ihre Daten angeben müssen, füllt Edge das Formular direkt für Sie aus.

1. Um Ihre Daten zu hinterlegen, öffnen Sie in Edge das Menü mit dem Symbol oben rechts.

2. Wählen Sie im Menü *Einstellungen*, gehen Sie dann ganz nach unten und klicken Sie auf *Erweiterte Einstellungen anzeigen*.

3. Suchen Sie in der Liste der erweiterten Einstellungen den Abschnitt *Auto-Ausfüllen-Einstellungen*.

4. Stellen Sie sicher, dass hier die Option *Formulareinträge speichern* eingeschaltet ist.

5. Klicken Sie darunter auf *Formulareinträge verwalten*.

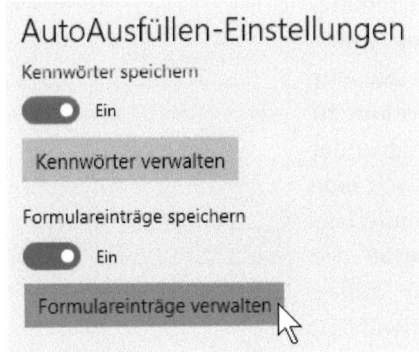

6. Im anschließenden Dialog klicken Sie auf *Neue hinzufügen*.

7. Füllen Sie das nachfolgende Formular möglichst vollständig aus. Selbstverständlich können Sie

weglassen, was Sie in Formularen nicht angeben möchten.

8. Klicken Sie dann unten auf *Speichern*.

Auf diese Weise können Sie übrigens auch mehrere Datensätze hinterlegen, beispielsweise einen für private und einen für geschäftliche Nutzung.

Wann Sie nun ein Formular beispielsweise in einem Online-shop ausfüllen müssen, brauchen Sie nur auf eines der Felder zu klicken. Edge blendet dann automatisch eine Auswahl der hinterlegten Datensätze an. Sie brauchen nur einen davon auszuwählen, dann füllt der Browser alle passenden Felder im Formular automatisch mit den gespeicherten Daten aus.

Selbstverständlich können Sie immer noch von Hand nachhelfen, etwa wenn ein Feld nicht korrekt zugeordnet wurde oder wenn Sie beispielsweise Ihre Telefonnummer nicht immer angeben möchten. Erst dann senden Sie das Formular wie gewohnt ab.

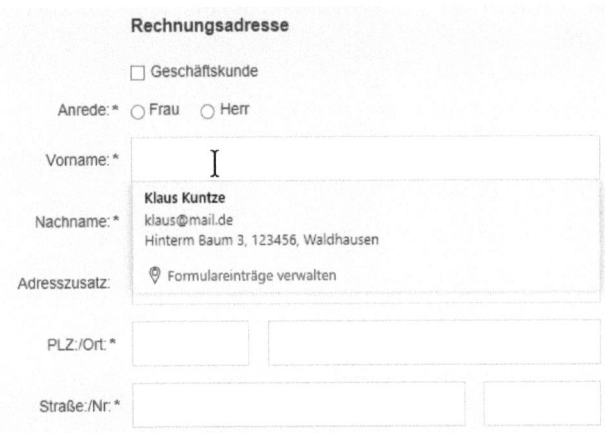

Webseiten ohne störenden Ballast drucken

Eine kleine, aber sehr effektive Neuerung findet man mit etwas Suchen in der Druckfunktion von Edge. Ganz unten im Druck-

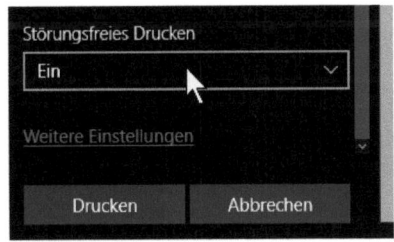

menü gibt es nun die neue Option *Störungsfreies Drucken*, die man nur *Ein* oder *Aus* stellen kann.

Mit störungsfrei ist dabei gemeint, dass der Browser beim Drucken automatisch Elemente wie Navigationshilfen oder auch Werbung herausfiltert und nur das Wesentliche der Webseite aufs Papier bringt. Bei meinen Tests hat das ganz ordentlich funktioniert und ist insofern für „Internetausdrucker" eine praktische Hilfe.

7. Neues und Verändertes in den Einstellungen

Auch bei den Einstellungen gibt es wieder manch Neues. Microsoft treibt die Verlagerung von Optionen aus der klassischen Systemsteuerung in die modernen touch-freundlichen Einstellungen weiter voran. Aber auch das gesamte Erscheinungsbild der Windows-Einstellungen wurde dezent umgestaltet.

„Telefon" statt „Handy"
Mit dem letzten Funktions-Update gerade erst einge-führt – nun schon wieder

Telefon
Android-Smartphone oder
iPhone verknüpfen

abgeändert: Das Fall Creators Update führte eine neue Rubrik mit der Bezeichnung *Handy* ein. Sie bietet die Möglichkeit, das Handy per Microsoft-App mit dem Windows-PC zu verknüpfen und beispielsweise Aktivitäten vom Smartphone zuhause am PC fortzusetzen. Mit dem neuen Update wurde diese Rubrik nun in *Telefon* umbenannt, was wohl von vorneherein eine bessere Bezeichnung gewesen wäre.

Neues Erscheinungsbild der Einstellungen

Die Windows-Einstellungen wurden insgesamt etwas gefälliger gestaltet. Das beginnt schon auf der Startseite, wo die Symbole nun links neben dem Text stehen, wodurch die Übersicht deutlich platzsparender ausfällt. Öffnen Sie eine der Rubriken, ist die Seitenleiste links nun farblich abgesetzt. Diesen als „Fluent" bezeichneten Effekt könnte man auch etwas profaner als „Milchglas": Befinden sich hinter dem Einstellungsfenster andere Apps, kann man deren Konturen dezent angedeutet erkennen.

Keine große Sache, aber die stärkere optische Trennung von Navigation und Inhalt verbessert den Gesamteindruck. Und wer es statt Milchglaseffekt einfach nur grau haben möchte, schaltet unter *Personalisierung/Farben* die Option *Transparenzeffekte* aus.

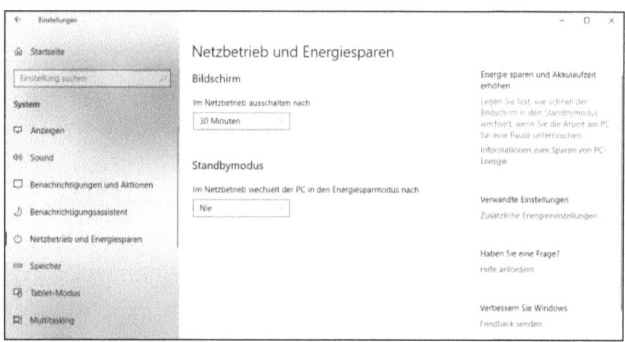

Speicheroptimierung zusammengefasst

Unter *System/ Speicher* finden Sie nun zusätzlich den praktischen Link *Jetzt Speicherplatz freigeben*. Er arbeitet

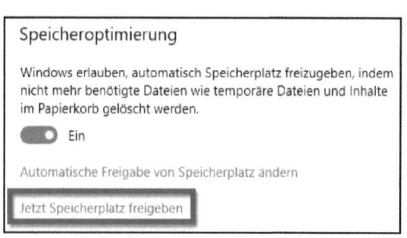

analog zur *Bereinigen*-Schaltfläche in den Eigenschaften von Laufwerken: Windows analysiert, in welchen Bereichen Speicherplatz freigegeben werden könnte und erstellt daraus eine Liste. Hier können Sie anhaken, was tatsächlich gelöscht werden soll. Wenn Sie dann oben auf *Dateien entfernen* klicken, werden alle gewählten Elemente entfernt und der belegte Speicherplatz freigegeben.

Speicher nach dem Update optimieren

Unmittelbar nach dem Durchführen eines Windows-Funktions-Updates lohnt sich das Speicheroptimieren ganz besonders. Windows speichert nämlich bei einem solchen Update eine komplette Sicherung des alten Windows zwischen, was in der Regel um die 30 GB ausmacht. Das versetzt Sie in die Lage, für eine Zeitlang das Funktions-Update notfalls zu deinstallieren und zur vorherigen Version zurückzukehren. Nach einer gewissen Anstandsfrist löscht Windows diese Sicherung automatisch. Wenn der Speicherplatz knapp ist und Sie nicht solange warten möchten, können Sie diese Sicherung mit der Speicheroptimierung aufspüren und sofort löschen. Ein Zurückkehren zur vorherigen Windows-Version ist dann allerdings nicht mehr möglich.

Neu: Sound und Lautstärke einstellen

Auch die Einstellungen für Lautstärken, Audiogeräte und Klänge haben es nun in die Windows-Einstellungen geschafft (sind aber parallel in der Systemsteuerung weiterhin vorhanden). Unter *System/ Sound* können Sie nun auswählen, welches der (heutzutage meist mehreren) Ausgabegeräte und Eingabegeräte (Mikros) Windows standardmäßig verwenden soll. Sehr praktisch sind auch die hier direkt angesiedelten Schaltflächen zur *Problembehandlung*.

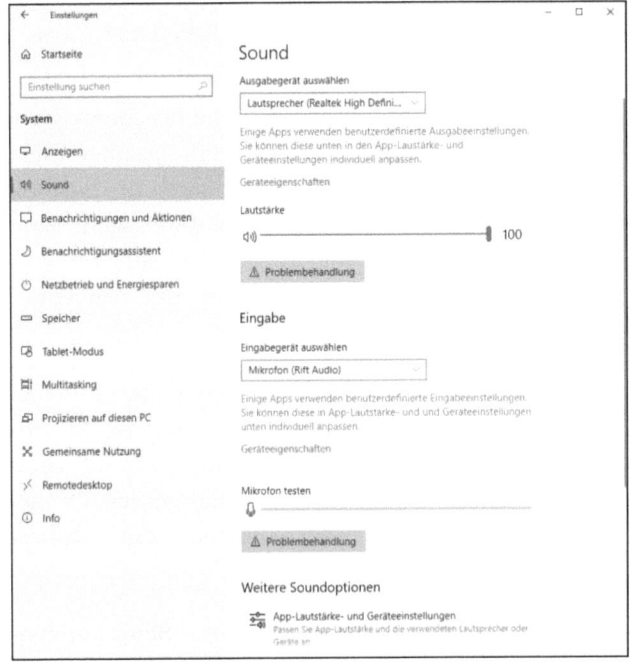

Ganz unten bei *Weitere Soundoptionen* können Sie einen weiteren Dialog aufrufen, wo sich das Lautstärkeniveau für einzelne Apps individuell anpassen lässt. Windows merkt sich die gewählten Einstellungen und verwendet sie wieder, wenn dieselbe App das nächste Mal verwendet wird.

Für weitere Detaileinstellungen ist weiterhin die klassische Systemsteuerung zuständig. Deshalb finden Sie am rechten Rand auch einen Link zur *Sound-Systemsteuerung*.

Neu: Autostart-Apps kontrollieren

Welche Programme beim Windows-Start jedes Mal automatisch in Aktion treten, ist eine beachtenswerte Frage. Denn diese Anwendungen verlangsamen nicht nur den Windows-Start, sie können auch die Systemleistung insgesamt dauerhaft beeinträchtigen. Und immer wieder schmuggeln die Entwickler von Programmen hier Komponente ein, die der Anwender nicht wirklich benötigt.

Schon bislang war eine schnelle Kontrolle mit dem Task-Manager möglich. Nun findet sich diese Funktion auch in den Windows-Einstellungen und kann dort noch etwas komfortabler genutzt werden. Öffnen Sie dazu in den Einstellungen die Rubrik *Apps/Autostart*:

▶ Hier werden alle beim Windows-Start automatisch aktivierten Programme aufgeführt.

▶ Standardmäßig ist die Liste alphabetisch sortiert, sie kann aber oben bei Sortieren nach beispielsweise auch auf *Startauswirkungen* umgestellt werden. Dann finden Sie ganz oben die Programme, die am meisten Startzeit kosten.

▶ An jedem Eintrag finden Sie rechts einen Schalter, mit dem Sie das automatische Starten dieses Programm einfach unterbinden können. Sollte das Probleme mit sich bringen, kann der Autostart ebenso schnell wieder reaktiviert werden.

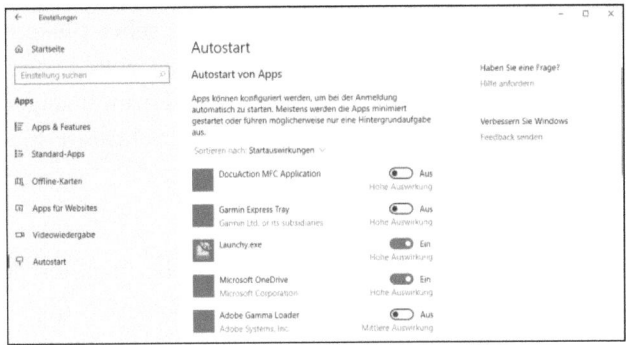

Neu: Installierte Schriftarten im Überblick

Einen weiteren Neuzugang finden Sie unter *Personalisierung/ Schriftarten*. Hier zeigt Windows Ihnen eine Übersicht der im System installierten Fonts an. Genau für diesen Zweck der Übersicht ist dieses Menü auch ganz hilfreich. Die Suchfunktion erlaubt es, eine bestimmte Schriftart anhand des Namens schnell zu finden.

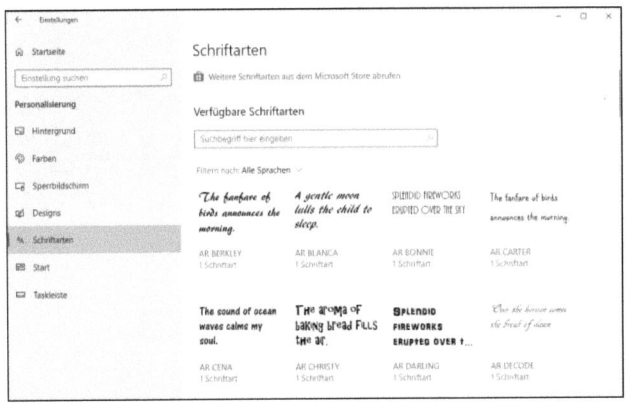

Wenn Sie einen der Einträge anklicken, sehen Sie eine ausführlichere Vorschau, bei der Sie die Größe ändern und sich einen eigenen Text in dieser Form anzeigen lassen können. Und Sie können die Schriftart hier auch *Deinstallieren* lassen.

Schriftarten aus dem Microsoft Store

Was Sie in diesem Menü nicht übersehen sollten, ist der Link ganz oben: *Weitere Schriftarten aus dem Microsoft Store abrufen*. Der bringt Sie direkt in die neue *Schriftarten*-Rubrik des Stores, wo Microsoft seit kurzem Fonts zum direkten Download für Windows anbietet. Die Auswahl ist bislang noch überschaubar, aber dafür sind die meisten davon (bis jetzt) kostenlos. In Zukunft dürften hier aber auch Fremdanbieter Ihre Produkte aufführen, so dass man hoffentlich bald eine ansehnliche Auswahl aus Gratis-Schriftarten und kostenpflichtigen Produkten hat.

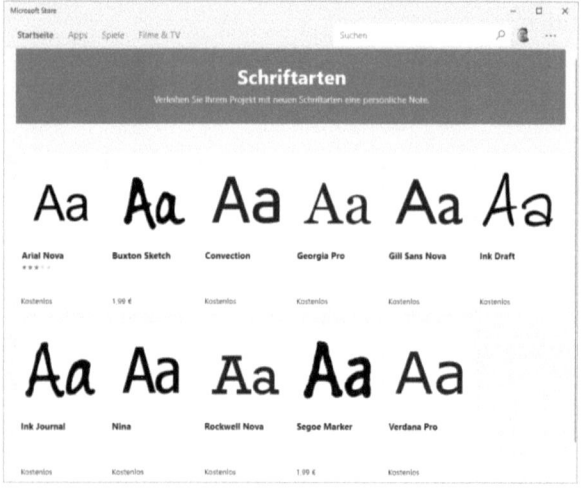

Neu: Detailliertere Spracheinstellungen

In den Einstellungen für Sprache unter *Zeit und Sprache/Region und Sprache* können Sie nun auch die *Windows-Anzeigesprache* wählen, falls Sie mehr als eine Sprache installiert haben.

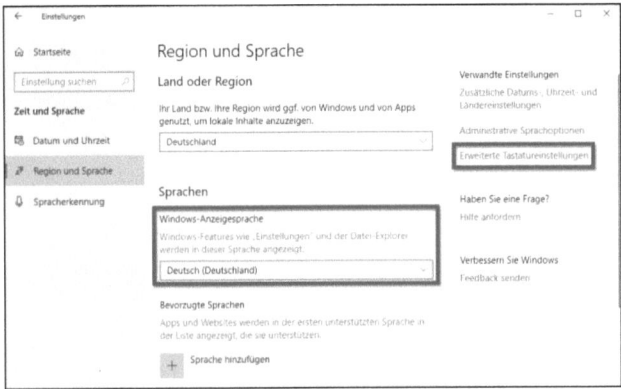

Außerdem finden Sie hier nun einen Link zu den erweiterten Tastatureinstellungen. Hier können Sie zusätzliche Eingabemethoden sowie den Wechsel dazwischen steuern. Praktisch ist dabei auch die Option *Zulassen, dass für jedes App-Fenster eine andere Eingabemethode verwendet werden kann.*

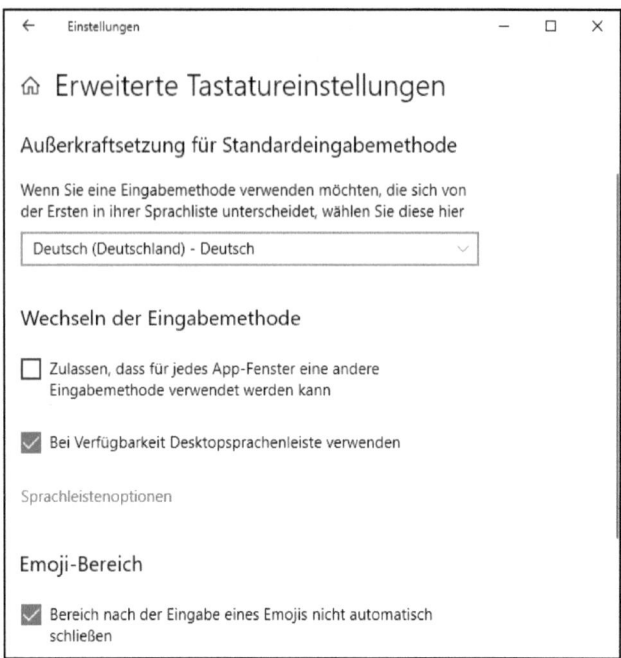

8. Dies und das

Wie immer bringt ein Windows 10-Funktionsupdate
jede Menge kleine Änderungen und Neuerungen mit
sich, die sich nicht einem der großen Themengebiete
zuschlagen lassen. Deshalb gibt es auch dieses Mal
wieder ein Kapitel „Dies und das", wo alle diese klei-
nen Änderungen zusammengefasst sind.

Keine Heimnetzgruppen mehr

Vor allem möchte ich zwar neu hinzugekommene
und geänderte Funktionen beschreiben, aber auch ein
wesentlicher Abgang soll doch zumindest kurz ge-
würdigt werden: Es gibt keine Heimnetzgruppen
mehr. Wenn ich Leserreaktionen als Maßstab nehme,
ist das kein allzu großer Verlust, da mich zu diesem
Thema im Laufe der Jahre nur wenige Fragen erreich-
ten (oder haben sie einfach so gut funktioniert, das
alle wunschlos glücklich waren?).

Mittlerweile setzt Microsoft anstatt der Heimnetzgruppen auf die Cloud: Wer einfachen Zugriff auf
seine Daten von verschiedenen Rechnern haben
möchte, soll anscheinend gefälligst ein Microsoft-
Konto und OneDrive nutzen, um Daten und Einstellungen automatisch zu synchronisieren. Und wer das
nicht möchte, kann immer noch die klassischen
Netzwerkfunktionen verwenden, die auch nicht viel
schwieriger einzurichten sind.

Passwort-Sicherheitsfragen für lokale Benutzerkonten

Bei Microsoft-Konten ist es schon längst möglich, im Falle eines vergessenen Kennworts das Passwort zurückzusetzen. Nutzer von lokalen Konten mussten sich bislang allerdings immer noch mit der guten alte „Kennwortrücksetzdiskette" begnügen.

Bis jetzt, denn Windows 10 bietet nun für lokalen Konten Sicherheitsfragen an, durch deren Beantwortung man auch bei Kennwortverlust wieder Zugang zum Konto erlangen kann. Beim Anlegen eines lokalen Kontos finden Sie die Fragen im Formular, wo Sie auch Benutzername und Kennwort angeben.

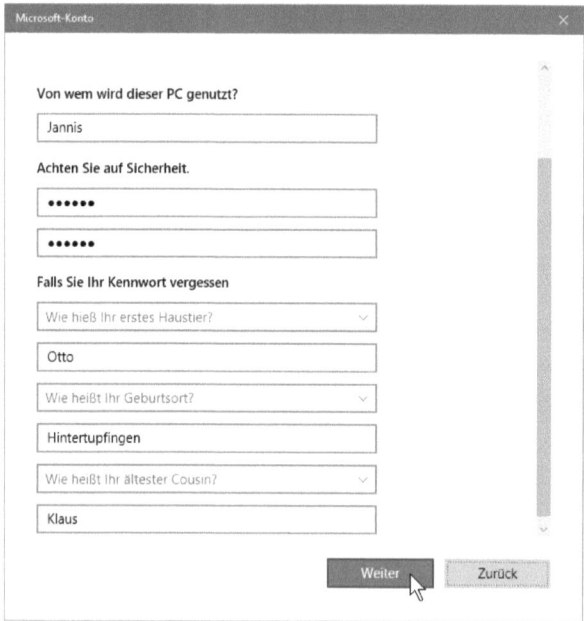

Sie können aus verschiedenen vorgegebenen Fragen insgesamt drei auswählen. Geben Sie dazu jeweils die Antwort ein. Beachten Sie dabei, dass Sie diese Antwort im Ernstfall exakt in derselben Form wieder eintippen müssen.

Wer bereits ein lokales Konto nutzt, findet in den Einstellungen unter *Konten/Anmeldeoptionen* nun einen Link *Sicherheitsfragen aktualisieren*, mit dem sich nachträglich Kenn-

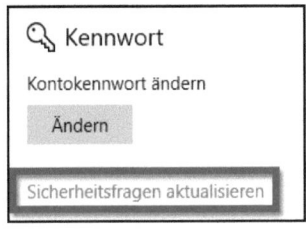

wortrücksetzfragen festlegen oder abändern lassen.

Kontextmenü für das Defender-Symbol im Infobereich

Schon länger ist das Symbol des Windows Defender Security Center im Infobereich ein zentraler Anlaufpunkt für alles, was mit der Sicherheit des Systems zu tun hat. Bislang diente das Symbol allerdings vornehmlich der Visualisierung des Sicherheitsstatus. Für weitere Schritte musste man per Doppelklick jeweils das Security Center selbst öffnen.

Nun hat Microsoft dem Defender-Symbol ein Kontextmenü spendiert. Hier können Sie

▶ eine Schnellüberprüfung durchführen,

▶ nach neuen Updates für den Windows Defender suchen,

▶ direkt auf die Benachrichtigungsoptionen zugreifen, um unnötige Hinweise abzuschalten oder

▶ die Startseite des Sicherheitscenters aufrufen.

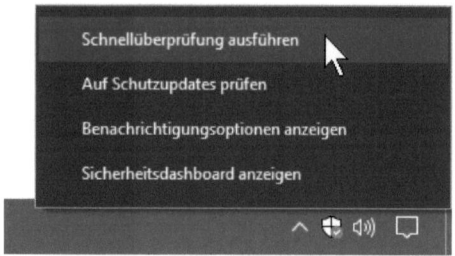

Ein Limit für die mobile Datennutzung festlegen

Wer Windows 10 auf einem Notebook oder Tablet
unterwegs benutzt und dabei auf Internet via Mobil-
funk angewiesen ist, verwendet womöglich einen
Tarif, der nur eine gewisse Datenmenge pro Monat
inklusiv hat und dann deutlich teurer wird. Und auch
bei WLAN-Hotspots hat man gelegentlich nur ein
bestimmtes Volumen zur Verfügung, bevor man
nachzahlen muss. Beim aktuellen Windows 10 müssen Sie in solchen Situationen nicht mehr ängstlich
haushalten, sondern können das Limit direkt in den
Einstellungen angeben. Windows erfasst die Datennutzung automatisch und begrenzt weitere Übertra-
gungen, wenn das Volumen für den aktuellen Zeitraum ausgeschöpft ist.

1. Die Optionen hierfür finden Sie in den Windows-Einstellungen unter *Netzwerk und Internet/Datennutzung*.

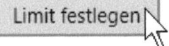

Datenlimit

Windows hilft Ihnen dabei, unter dem Datenlimit zu bleiben. Ihr Datentarif bleibt unverändert.

Limit festlegen

2. Wählen Sie ggf. die Netzwerkschnittstelle aus (standardmäßig wird die aktuell genutzte hierfür verwendet) und klicken Sie im Abschnitt *Datenlimit* auf *Limit festlegen*.

3. Im so geöffneten Dialog können Sie das Limit definieren. Für ein Volumen Ihres Mobilfunkanbieters etwa lassen sich ein *Monatliches* Limit und das Datum festlegen, an dem ein neuer Abrechnungsmonat beginnt.

4. Für einen vorübergehenden Aufenthalt beispielsweise im Urlaub können Sie auch ein *Einmaliges* Limit festlegen, das nach dem Ablauftag automatisch deaktiviert wird.

5. Ganz unten geben Sie an, wie hoch das *Datenlimit* genau sein soll. Als *Einheit* stehen dabei MB oder GB zur Verfügung.

Datennutzung im Hintergrund beschränken

Wenn Sie ein Datenlimit einhalten müssen, ist eine weitere neue Funktion unter *Netzwerk und Internet/Datennutzung* interessant: Im Abschnitt *Datennutzung im Hintergrund* können Sie *Beschränken, was Store-Apps und Windows-Features im Hintergrund tun können*. Mit der Einstellung *Immer* können Sie so vorübergehend unnötige Datentransfers minimieren.

Grafikkartenunterstützung für Anwendungen steuern

Immer mehr Programme können für aufwändige Berechnungen die hochspezialisierten Chips des Grafikprozessors verwenden und so schneller rechnen. Der Preis dafür ist, dass der Einsatz einer Grafikkarte – im Vergleich zum internen Grafikprozessor des Mainboards – mehr Strom verbraucht. Das bedeutet mehr Abwärme, mehr (Lüfter-)Lärm und bei Notebooks weniger Akkulaufzeit.

Wenn Ihr PC sowohl über einen internen Grafikprozessor als auch eine zusätzliche Grafikkarte verfügt, können Sie mit der neuen Windows-Version selbst bestimmen, welche Anwendungen die sparsamere interne Grafik verwenden sollen und welche die Grafikkarte für volle Leistung ausnutzen dürfen.

1. Öffnen Sie die Windows-Einstellungen in der Rubrik *System/Anzeige* und klicken Sie hier ganz unten auf den Link *Grafikeinstellungen*.

2. Wählen Sie im anschließenden Dialog zunächst aus, ob Sie die Vorgabe für eine *Klassische App* (Desktop) oder eine *Universelle App* (aus dem Store) machen möchten.

3. Wenn Sie *Universelle App* wählen, sehen Sie direkt darunter eine Auswahl mit allen installierten Apps. Wählen Sie die gewünschte aus und klicken Sie auf *Hinzufügen*.

4. Bei klassischen Desktop-Anwendungen klicken Sie auf *Durchsuchen* und geben dann im Datei-auswahldialog die ausführbare Programmdatei an. Üblicherweise finden Sie diese in ihrem Ordner unter *C:\Programme* oder *C:\Programme(x86)*.

5. Windows fügt dann in den Grafikeinstellungen einen Eintrag für das gewählte Programm hinzu. Klicken Sie darauf und wählen Sie *Optionen*.

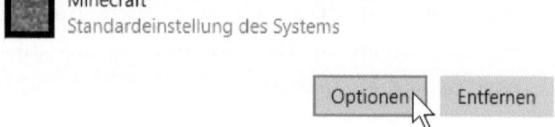

6. Im so geöffneten Dialog können Sie entscheiden, ob dieses Programm mit den internen Chipsatz im *Energiesparmodus* arbeiten soll oder mit *Hohe Leistung* die Hochleistungs-GPU verwenden darf. Zur Sicherheit sehen Sie oben, welche GPU welche ist.

7. Klicken Sie auf *Speichern*, um den Dialog zu schließen.

Energiesparende GPU und Hochleistungs-GPU gleich?

Wenn bei Ihrem PC bei beiden Einträgen dieselbe GPU angegeben ist, verfügt Ihr PC nur über einen Grafikprozessor des internen Chipsatzes, der für beide Modi verwendet wird. Unterschiedliche Einträge sehen Sie nur, wenn tatsächlich zusätzlich zum Mainboard-Chipsatz eine separate Grafikkarte verbaut ist.

Noch bessere Farbfilter

Mit dem letzten Windows-Update hatte Microsoft Farbfilter eingeführt, mit denen insbesondere Menschen mit Seheinschränkungen die Darstellung am Monitor für sich optimieren können. In der aktuellen Version wurden diese Filter weiter ausgebaut. Zudem haben sie nun unter *Erleichterte Bedienung/Farbfilter* ihre eigene Einstellungsseite.

▷ Hier können Sie ganz oben mit *Farbfilter einschalten* die Funktion unabhängig von den sonstigen Einstellungen jederzeit ein- und ausschalten.

▷ Direkt darunter können Sie außerdem eine *Tastenkombination für das Aktivieren und Deaktivieren zulassen* (**[Windows]+[Strg]+[C]**).

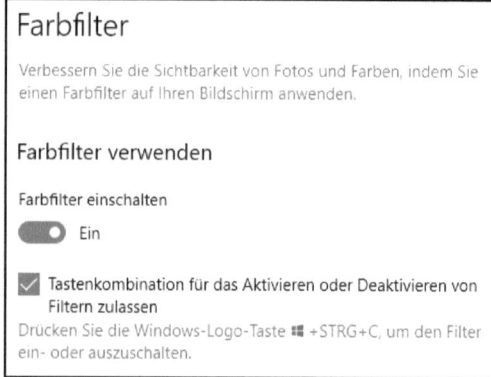

▷ Weiter unten finden Sie sechs verschiedene Varianten des Farbfilters für unterschiedliche Anforderungen. Sie können die Auswirkungen jedes einzelnen direkt testen.

▷ Besonders hilfreich ist dabei das Farbrad ganz unten. Wenn Sie eine Farbsehschwäche haben, sollten Sie einen Filter wählen, bei dem Sie alle Segmente des Kreises möglichst deutlich voneinander unterscheiden können.

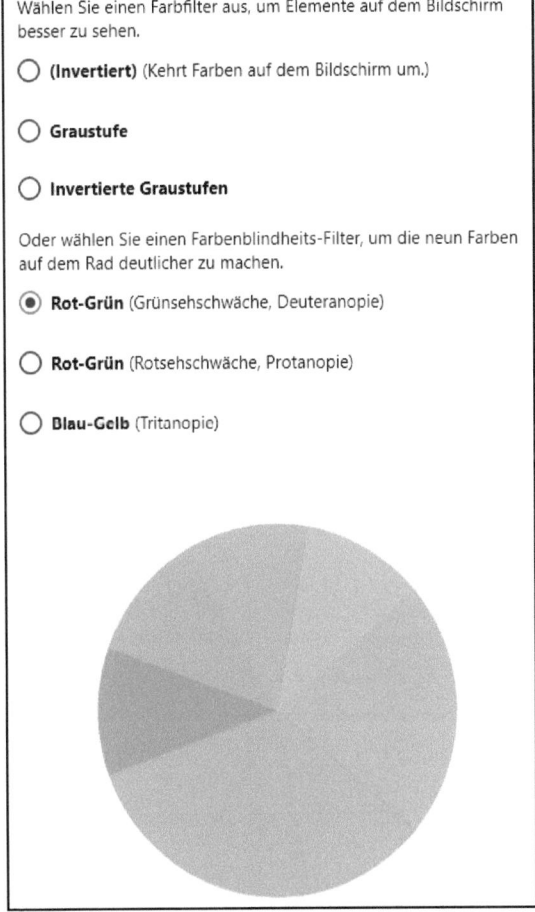

Wählen Sie einen Farbfilter aus, um Elemente auf dem Bildschirm besser zu sehen.

○ **(Invertiert)** (Kehrt Farben auf dem Bildschirm um.)

○ **Graustufe**

○ **Invertierte Graustufen**

Oder wählen Sie einen Farbenblindheits-Filter, um die neun Farben auf dem Rad deutlicher zu machen.

◉ **Rot-Grün** (Grünsehschwäche, Deuteranopie)

○ **Rot-Grün** (Rotsehschwäche, Protanopie)

○ **Blau-Gelb** (Tritanopie)

Bandbreite für Updates flexibler begrenzen

Schon bislang ließ sich die Bandbreite, die Windows für das Übertragen von Updates verwenden durfte, begrenzen. Allerdings galt dies nur für Hintergrundtransfers. Neu hinzugekommen ist nun unter *Update und Sicherheit/ Windows Update/ Erweiterte Optionen/ Übermittlungsoptimierung/ Erweiterte Optionen* die Einstellung *Bandbreite beim Herunterladen von Updates im Vordergrund einschränken.*

Sie sorgt dafür, dass der PC selbst beim ausdrücklichen Abrufen von Updates nicht die gesamte Internetverbindung auslastet und somit ggf. andere Teilnehmer im Netzwerk einschränkt.

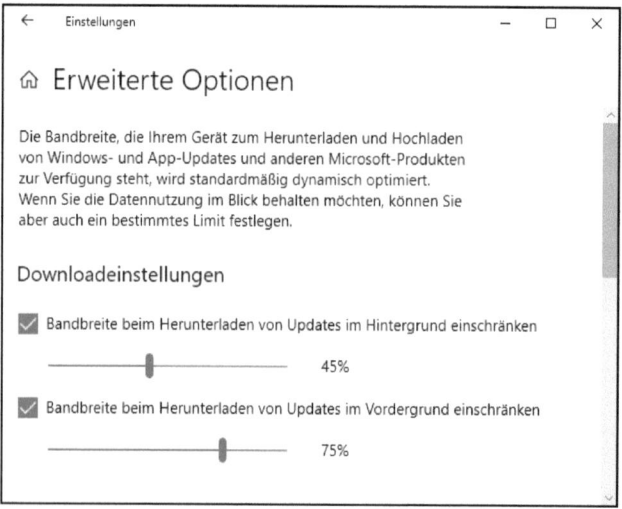

78

Updates nur außerhalb der Geschäftszeiten erlauben

Eine weitere Möglichkeit, Einschränkungen durch Update-Transfers zu unpassenden Zeiten zu vermeiden, bietet sich allen Anwendern mit Windows 10 Pro oder höher mittels Gruppenrichtlinien. Dazu können Sie „Geschäftszeiten" festlegen, und die Bandbreite für Updates währenddessen weitestgehend reduzieren lassen.

1. Drücken Sie **[Windows]**, um das Suchfeld der Taskleiste zu aktivieren.

2. Tippen Sie dort „Gruppe" ein, bis als bester Treffer *Gruppenrichtlinien bearbeiten* angezeigt wird und öffnen Sie so den Gruppenrichtlinieneditor.

3. Wählen Sie im Editor den Zweig *Computerkonfiguration/ Administrative Vorlagen/ Windows-Komponenten/ Übermittlungsoptimierung*.

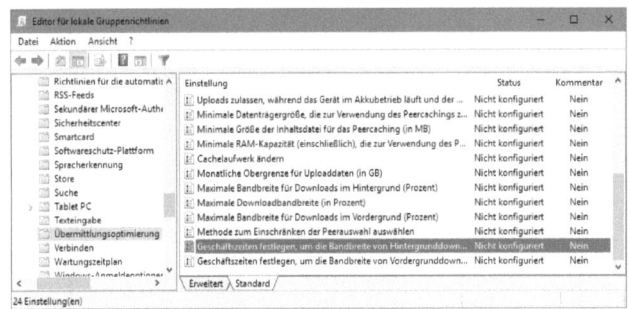

4. Hier finden Sie auf der rechten Seite ganz unten zwei Richtlinien, mit denen Sie Geschäftszeiten

jeweils für Hintergrunddownloads und Vorder-
grunddownloads angeben können.

5. Legen Sie dazu in den Einstellungen der jeweili-
gen Richtlinie zunächst bei *Von:* und *Bis:* den Be-
ginn und das Ende der Geschäftszeit fest

6. Dann können Sie darunter die Bandbreite wäh-
rend dieser Zeit sowie die Bandbreite außerhalb
der Geschäftszeit angeben. Die Angabe erfolgt in
Prozent. Aber wichtig: 0 bedeutet nicht 0 %, sondern unbegrenzt!

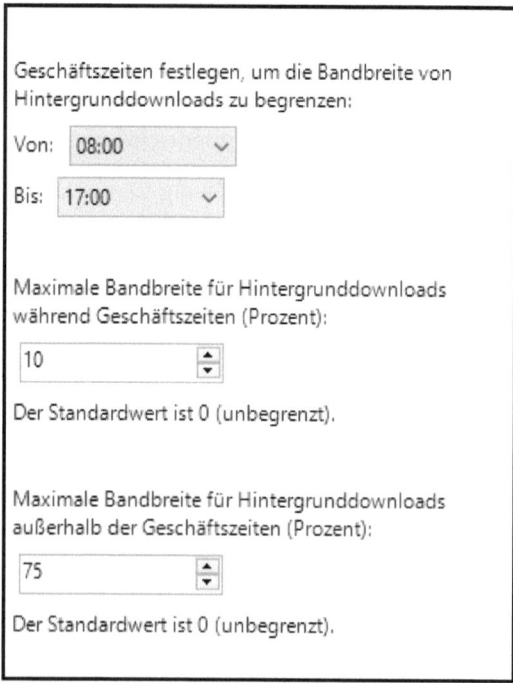

Unterstützung für das HEIF-Bildformat

Das High Efficiency Image File-Format (HEIF) ist ein modernes Container-Bildformat mit einer fortschrittlichen Kompression, die im Vergleich zu JPG in etwa doppelt soviele Informationen in einer vergleichbar großen Datei speichern kann. Im einfachsten Fall enthält eine HEIF-Datei einfach „nur" ein Bild, es bieten sich aber noch weitere Möglichkeiten:

▶ In einer HEIF-Datei kann man mehr als nur ein Bild speichern.

▶ Zusätzlich zu den eigentlichen hochaufgelösten Bilddaten können Varianten in geringer Auflösung etwa für Vorschauzwecke enthalten sein.

▶ Es können Bildsequenzen gespeichert werden, die dann vom Wiedergabeprogramm als Animation abgespielt werden.

▶ Zu einem Bild können nicht-destruktive Bearbeitungsschritte angegeben werden, etwa Rotieren, Beschneiden oder das überlappende Anordnen mehrere enthaltener Bilder. Das Wiedergabeprogramm führt diese Bearbeitungsschritte beim Anzeigen aus.

▶ Zu den Bildern können umfangreiche Metadaten gespeichert werden.

▶ HEIF-Dateien können neben dem Bild weitere Medienobjekte wie Text oder Audio enthalten.

Mit dem aktuellen Update „lernt" Windows 10 dieses HEIF-Format. Es kann also HEIF-Dateien beispielsweise im Explorer anzeigen und deren Meta-Daten auslesen. Die Fotos-App beherrscht nun ebenfalls HEIF und kann entsprechende Bilder in voller Pracht auf den Bildschirm bringen.

Neue Problembehandlung für DirectAccess

DirectAccess ist die Microsoft-Variante eines Virtual Private Network (VPN), mit dem PCs sich von unterwegs mit dem Firmennetzwerk verbinden können und dabei so eingebunden werden, als wenn Sie direkt vor Ort an den Firmenserver angeschlossen wären. Man kann also über das Internet auf alle Funktionen und Daten zugreifen, ganz so als wäre man in der Firma. Ein prima Sache, solange es funktioniert.

Wenn es damit Ärger gibt, steht unter Windows 10 ab sofort ein eigener Problemlösungsassistent bereit, um Abhilfe zu schaffen. Er kann die Verbindungsparameter kontrollieren, Fehler aufspüren und beheben oder zumindest Hinweise zur Behebung geben.

1. Öffnen Sie in den Windows-Einstellungen die Rubrik *Update und Sicherheit/Problembehandlung*.

2. Suchen Sie auf der rechten Seiten den Abschnitt *Weitere Probleme suchen und beheben*.

3. Hier finden Sie im unteren Drittel den Eintrag *Verbindung mit einem Arbeitsplatz über DirectAccess*.

4. Klicken Sie darauf, um den Eintrag auszuwählen.

5. Nun wird die Schaltfläche *Problembehandlung* aus-
   führen angezeigt, mit der Sie den Assistenten starten.

Verbindung mit einem Arbeitsplatz über DirectAccess
Dient dem Erkennen und Beheben von Problemen beim
Herstellen einer Verbindung mit dem Arbeitsplatznetzwerk
mithilfe von DirectAccess.

6. Folgen Sie dann den Anweisungen des Assistenten auf dem Bildschirm.

Neu für die Kommandozeile: tar und curl

Wer auch mal über den Tellerrand der Windows-Welt
hinausschaut, etwa hinüber zu Linux, kennt diese
beiden Kommandos schon lange:

▷ **tar** archiviert Dateien, Ordnerstrukturen oder
   auch ganze Laufwerke in einer Archivdatei. Dabei
   bleibt nicht nur Struktur der Ordner erhalten,
   sondern auch Besitzer und Benutzerrechte werden mitgespeichert. Die so entstehenden .tar-
   Dateien sind in der Linux-Welt weit verbreitet.
   Wichtig: tar archiviert nur, komprimiert aber
   nicht. Dazu wäre ein weiteres Werkzeug wie gzip
   und bzip nötig, das aus der *.tar*-Datei eine *.tar.gz*
   bzw. *.tgz* macht. Der folgende Befehl erstellt aus
   dem Ordner *Daten* einschließlich aller Unterord-
   ner ein Archiv namens *archiv.tar*:

```
tar -cf archiv.tar Daten
```

► **curl** ermöglicht den Download von Dateien per Kommandozeile. Dazu beherrscht es unter anderem HTTP, HTTPS, FTP, FTPS, TELNET und LDAP. Man benötigt also nur die Download-Adresse einer Datei, um Sie mit einem einfachen Befehl herunterladen und lokal speichern zu können. Der folgende Befehl lädt eine Datei vom Server herunter und speichert sie unter ihrem Namen im aktuellen Verzeichnis:

```
curl -O http:/www.server.de/datei.tar
```

Warum schreibe ich zum Abschluss eines Windows-10-Buchs auf einmal etwas über Linux-Befehle? Weil die Windows-Eingabeaufforderung nach vielen Jahren auf einmal neue Tricks beherrscht, nämlich diese beiden Befehle. Das gehört wohl zur Strategie von Microsoft, sich Linux anzunähern, was auch durch die Integration von Linux als Subsystem in Windows durch frühere Updates erkennbar wird. Auch die Windows-PowerShell soll zukünftig durch eine universelle PowerShell abgelöst werden, die sowohl unter Windows als auch Linux und MacOS läuft.

Und nun erlaubt es auch die Windows-Eingabeaufforderung, Dateien per Kommandozeile herunterzuladen und – sofern es sich dabei um tar-Archive handelt – diese anschließend auch zu entpacken.

| **Mehr Informationen mit --help**
Über curl und tar könnte man alleine schon ein kleines Buch schreiben. Wenn Sie näheres wissen möchten, geben Sie tar --help bzw. curl --help ein.

Zum Schluss…

…möchte ich Ihnen für Ihre Aufmerksamkeit danken. Ich hoffe, Sie haben in diesem Überblick über das April 2018-Update viel Neues und für Sie interessantes entdeckt und können die neuen Windows-Funktionen gewinnbringend nutzen.

Wenn Sie Fragen haben, Feedback loswerden oder Ihre eigenen Erfahrungen teilen möchten, besuchen Sie mich im Internet unter **www.gieseke-buch.de**. Hier finden Sie auch weitere Informationen und Tipps zu diesem und anderen Themen meiner Bücher.

Eine Bitte in eigener Sache

Ich freue mich, wenn Sie Ihre positiven Eindrücke an andere interessierte Leser weitergeben, etwa durch **persönliche Empfehlungen**, **Rezensionen** auf einer der einschlägigen Plattformen oder auch durch Hinweise **in Foren oder sozialen Netzwerken**.

Dieser Titel ist ohne Marketing-Budget und Vertriebsstrukturen großer Verlage erschienen, denen das Thema nicht profitabel genug erschien. Deshalb ist **Mund-zu-Mund-Propaganda** besonders wichtig. Wenn Sie also der Meinung sind, dass dieses Buch auch für andere Leser interessant und hilfreich sein könnte, dann **sagen Sie es bitte weiter**.

Vielen Dank.

Stichwortverzeichnis